Crocosmia × crocosmiiflora
2017

Corvus macrorhynchos
2017

Hydrangea serrata
2017

Cardiocrinum cordatum
2017

Vitex agnus-castus
2017

Lychnis coronaria
2017

Hyacinthus orientalis
2017

Acer rufinerve
2017

Acer amoenum
2017

Abelia grandiflora
2017

Allium

はじめに

　子どもの頃から楽しかった日や特別な日は、その思い出に植物を拾って帰りました。持ち帰った植物をたまに見返して、そのときの思い出がふっとよみがえる感覚がとても好きでした。自分の目に映っているのはただの小さな物体ですが、その奥には、そのときに感じた空気感や誰かと交わした言葉、たくさんの思い出が無限に広がっているように思えたのです。大人になってからもこの習慣は続いていましたが、子どもっぽいような気がして、あまり人には言えませんでした。
　インテリア関連の会社でお客様に提案する仕事をするようになって、インテリアについて考えることが増えました。部屋は毎日過ごす空間です。自分の内面や歴史を表すインテリアがあったら楽しくて良い空間になるのではないか、インテリアというと絵を飾って、珍しいオブジェを置いて、花を飾ってと決められている感じがあるけれど、自分の好きなものだけを飾ってもっと自由に楽しめたら良いのではないかと思うようになりました。
　そこで、私がこれまでに拾った植物を使った作品の制作を始めました。いざつくり出してみると、興味のなかったこの地元の田舎に驚くほど素晴らしい世界が広がっていると気が付きました。山には鳥がいて、虫もいて、動物もいます。植物は多種多様でこの地球に共に生きています。
　本書では私がこれまでに集めた植物を使って制作したインテリア雑貨、特に植物標本をテーマに制作した作品を紹介しています。使用している植物も材料も特段珍しいものではなく、比較的簡単に手に入り、制作しやすいものばかりです。本書が皆様の生活において、何かのヒントになりましたらこんなに嬉しいことはございません。

HERBARIUM CONTENTS

はじめに ——————————— 008

CHAPTER 1.

おしゃれな
ハーバリウム雑貨

		PHOTO	HOW TO
01	オイルハーバリウム	014	068
	VARIATION　HERBARIUM WITH OIL SEED	016	
02	植物標本箱 Size L	018	069
	VARIATION　PLANT SPECIMEN BOX (LARGE)	020	
03	植物標本箱 Size M	022	070
04	植物標本箱 Size S	024	071
05	壁掛け標本	025	072
06	紙箱標本	027	073
07	標本ボード	029	074
08	ガラスドーム	030	075
09	標本瓶	031	076
10	試験管オブジェ	032	077
11	ガラスの標本オブジェ	033	078
12	試験管標本	034	076
13	標本カード	037	079
	VARIATION　DISPLAYED ON CARDS	038	
14	標本ノート	040	080
15	箱入り標本	041	083
16	標本袋	042	081
17	ラベル付き標本	043	082
18	衿のオブジェ	045	084
19	壁掛けオブジェ	046	086
20	花冠	047	087
21	鳥の巣	048	088
22	花冠のオブジェ	049	089
23	アクリルの標本箱	051	083
24	アクリルパイプのオブジェ	051	090

column 1
植物標本の魅力 ——————————— 054

CHAPTER 2.

ハーバリウム雑貨の
つくり方

ハーバリウム雑貨におすすめの花	058
ハーバリウム雑貨におすすめの実や種	060
基本の材料と道具	062
押し花のつくり方	064
ドライフラワーのつくり方	066
コーヒー染めの方法	091

column 2

学名の記載について	092
Letters & Label Collection	094

CHAPTER 3.

ハーバリウム雑貨の
楽しみ方

壁面を飾る ———— 098
同じ作品を並べる
さまざまな作品を一緒に飾る

テーブルや飾り棚に置く ———— 100
高低差をつける
三角形を意識する
トレーにまとめる

雑貨と組み合わせて飾る ———— 102
グリーンと一緒に
間接照明で空間演出
アンティーク風雑貨と

贈り物に添える ———— 104
押し花付きレター
ギフト用のカードとして
花束にする

おわりに ———— 106

※本書ではオイル標本だけでなく、押し葉標本や乾燥処理した植物を含めて「ハーバリウム（植物標本）」としています。
※本書では、3〜5月を春、6〜8月を夏、9〜11月を秋、12〜2月を冬として表記しています。
　また、生花店は一般的な花屋や園芸店、花材店はドライフラワーや雑貨専門店としています。
※植物は季節や地域によって、個体差が出るものや手に入りにくいものがあります。
　本書を参考にお好みの植物で作品制作を楽しんでみてください。
※植物名は一般的に使われている和名をカタカナで表記しています。
※本書に掲載された企業名・商品名は、掲載各社の商標または登録商標です。

CHAPTER 1.

おしゃれな
ハーバリウム雑貨

Luxurious Herbarium Interior and Decors

人気のオイルハーバリウムからアートのように楽しめる標本箱、さらにインテリア性の高い花冠のオブジェまで。ハーバリウム（植物標本）をテーマに制作した、さまざまな雑貨を紹介します。

01   PRESSED — DRIED

オイルハーバリウム
HERBARIUM WITH OIL SEED

ドライフラワーを保存液に浸してつくるオイル標本。ガラス瓶の中で揺らめく植物はどこか幻想的でノスタルジックな雰囲気です。

HOW TO: P.068

VARIATION   HERBARIUM WITH OIL SEED

植物の種類や瓶の形をアレンジすることで、さまざまなオイルハーバリウムがつくれます。

Variation_1

花をはじめ茎や葉、複数の植物を組み合わせたいときは長い瓶がおすすめ。

Variation_2

香水瓶（ペンダント用）を使用。手の中におさまるサイズ感が可愛らしい。

Variation_3   Variation_4

朽ち果てていく葉もオイル標本にすれば、長く観賞　　ふわふわと舞う様子が美しい、キツネアザミの綿毛
することができます。　　　　　　　　　　　　　　部分を使用したオイルハーバリウム。

02　　PRESSED — DRIED

植物標本箱 Size L
PLANT SPECIMEN BOX (LARGE)

植物とラベルなどの紙ものを組み合わせた標本箱。壁に飾ればアートのように楽しめる、存在感あるインテリアになります。

HOW TO : P.069

VARIATION   PLANT SPECIMEN BOX (LARGE)

植物の組み合わせを考えるのが楽しくなる、大きめサイズの標本箱です。

Variation_1

洋書の切れ端のような紙をラフに丸めて貼ることで立体感と
メリハリを出し、作品をより印象付けています。

Variation_2

中央にアジサイの花を置き、その周囲に小さい花、葉をちりばめた作品。
植物の色のトーンを合わせるとバランス良く仕上がります。

Variation_3

中央に植物の説明を書いた紙を貼り、学名を書いたラベルをバランス良く
配置。虫食いの葉も作品のアクセントとなっています。

03   PRESSED　−DRIED

植物標本箱 Size M
PLANT SPECIMEN BOX (MEDIUM)

ノートサイズの標本箱は一本の花でも複数の植物を使っても素敵。花、葉、茎、実、それぞれの形状を楽しみながらつくるのがコツです。

HOW TO :   P.070

04   PRESSED — DRIED

植物標本箱 Size S

PLANT SPECIMEN BOX (SMALL)

小さな標本箱にはお気に入りの植物だけを取り入れて。箱の色を変えたり、並べて飾ったり、インテリアに合わせてアレンジしやすいアイテムです。

HOW TO : P.071

05 — PRESSED — DRIED

壁掛け標本

PLANT SPECIMEN WALL-HANGING

シックな色合いの植物と上下の黒い
バーがスタイリッシュな印象。植物の
有機的な形がシンプルになりがちな壁
面に心地よいリズムを与えてくれます。

HOW TO: P.072

06　　　PRESSED　— DRIED

紙箱標本

PLANT SPECIMEN IN PAPER BOX

小さな花びらや特徴的な形の葉など、
植物の一部を印象的に飾れる紙製の標
本箱。たくさんつくって壁にランダム
に飾ってもおしゃれ。

HOW TO :　P.073

07 — PRESSED DRIED

標本ボード
PLANT SPECIMEN
DECORATION BOARD

白くペイントした板をベースにした清涼感のある植物標本。シンプルかつフラットな仕様なので、さりげないインテリアを楽しみたいときにおすすめ。

HOW TO : P.074

08   PRESSED   — DRIED

ガラスドーム

GLASS DOME

ガラスドームは植物のフォルムを活か
し、立体的な形をそのまま飾ることが
できます。さまざまな角度から植物を
楽しめるのもポイントです。

HOW TO :   P.075

09   PRESSED — DRIED

標本瓶

SPECIMEN BOTTLE CRAFT

ガラス瓶はシンプルに植物の魅力を楽しみたいときにおすすめ。瓶のふたに吊るして付けるなど、植物に合わせたアレンジも自由です。

HOW TO: P.076

| 10 | PRESSED — DRIED

試験管オブジェ
TEST TUBE CRAFT

繊細なガラスと植物のコーディネートが美しい標本オブジェ。ふわふわとした植物が浮いているような、神秘的なイメージが特徴です。

HOW TO: P.077

| 11   PRESSED — DRIED

ガラスの標本オブジェ
GLASS SPECIMEN CRAFT

ドライフラワーと同じように時の経過
で味わいを増したアンティークガラス
と組み合わせて。シャビーシックなイ
ンテリアとしておすすめです。

HOW TO :　P.078

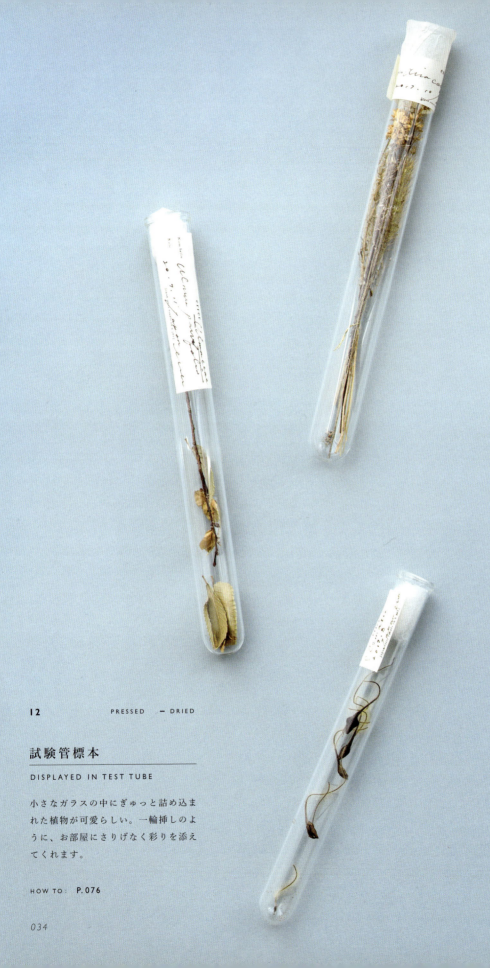

12   PRESSED   — DRIED

試験管標本
DISPLAYED IN TEST TUBE

小さなガラスの中にぎゅっと詰め込まれた植物が可愛らしい。一輪挿しのように、お部屋にさりげなく彩りを添えてくれます。

HOW TO : P.076

13 　　　— PRESSED　　— DRIED

標本カード
DISPLAYED ON CARDS

押し花やドライフラワーをポストカード風に仕上げた標本カード。大切な思い出のかけらを集めるような、静かな楽しみが感じられる作品です。

HOW TO: **P.079**

VARIATION DISPLAYED ON CARDS

紙と植物でつくる標本カードのアレンジをいくつかご紹介します。

Variation_1

カードの端に折り目線を付け、パンチで穴を空ければアルバム風の標本カードに。
そのまま飾るのはもちろん、保管用としてファイリングしたいときにもおすすめです。

Variation_2

Variation_3

学名や説明を筆記体で綴って。カリグラフィーのような美しい文字が植物を引き立てます（上）。

薄手の紙に植物を貼った標本。優しい手触りの紙は植物との相性も抜群（左）。

14 　　— PRESSED 　— DRIED

標本ノート

DISPLAYED IN NOTEBOOKS

採集した植物とその場所の地図をノートに記して。冒険の足跡を記録していくような趣ある内容で、遊び心をくすぐります。

HOW TO : P.080

15   PRESSED — DRIED

箱入り標本

DISPLAYED IN BOXES

大切な植物をそのまま保管したいときに。ラッピング感覚でラベルや麻紐をプラスすれば、リラックス感のあるインテリア雑貨になります。

HOW TO: P.083

16 — PRESSED — DRIED

標本袋

DISPLAYED IN BAGS

押し花やドライフラワーを薬包紙で包んで。ほんのりと淡いベージュに染めた薬包紙は、色が薄らいだ植物の雰囲気と良く合います。

HOW TO : P.081

17　　　PRESSED　−DRIED

ラベル付き標本
LABELED

ドライフラワーを束ねてラベルを巻く
だけでミニブーケのような可愛らしい
雑貨のでき上がり。ナチュラルな色の
リボンをアクセントにしても。

HOW TO： P.082

18　　　PRESSED　− DRIED

衿のオブジェ

COLLAR CRAFT

まるで小さなお花畑にいるような、花びらとビーズのコラージュが美しいオブジェ。落ち着いた色合いで上品な可愛さが光る作品です。

HOW TO : P.084

19　　PRESSED — DRIED

壁掛けオブジェ
WALL HANGER CRAFT

植物の形状や質感を活かしたユニークな壁掛けはインテリアの幅を広げてくれそう。お部屋の一角に小さなギャラリー風に飾って。

HOW TO: P.086

20 PRESSED — DRIED

花冠

FLOWER CROWN

シロツメクサでつくる花冠のように、
花材のベビーファイバーと植物を編ん
でつくります。コロンと丸いフォルム
が愛くるしい作品です。

HOW TO : P.087

21　　　　PRESSED　—DRIED

鳥の巣
BIRD'S NEST

リース用の素材に植物を差し込んでつくる鳥の巣風のオブジェは、自然を身近に感じられる作品。玄関や飾り棚のインテリアとして活躍してくれます。

HOW TO : P.088

22   PRESSED — DRIED

花冠のオブジェ

THE FLOWER CROWN CRAFT

花冠と同じベビーファイバーを使ったオブジェ。吊るして飾ることができるので、空間を使ったディスプレイにおすすめです。

HOW TO : P.089

23   PRESSED — DRIED

アクリルの標本箱
ACRYLIC SPECIMEN CASE CRAFT

アクリル製のボックスを使ったモダンな標本箱。ボリュームのある植物を詰めるだけで完成する手軽さが魅力です。スタッキングして飾ってもおしゃれ。

HOW TO : P.083

24   PRESSED — DRIED

アクリルパイプのオブジェ
ACRYLIC PIPE CRAFT

細長いアクリル製のパイプがクールでスタイリッシュな印象。透明なので壁面に飾っても圧迫感がなく、お部屋を明るく演出してくれます。

HOW TO : P.090

column 1

植物標本の魅力

植物標本のはじまり

　インテリアとして人気のオイルハーバリウム。生花と違い、お手入れ不要で植物を長く楽しめることから人気を博しています。このブームからハーバリウムとはオイルに浸されたものというイメージが強いですが、もとは植物標本や植物標本室、標本が所蔵されている建物等を指す言葉です。

　植物標本といえば、押し葉の形式をとったものが一般的です。採集した植物を紙などに挟んでプレスし、乾燥させたものを台紙に貼ります。押し葉標本は長期保存ができ、比較的管理しやすいことから植物学、分類学の研究資料として利用されてきました。押し葉標本の起源は16世紀のヨーロッパ、本草学の分野だといわれています。発見した植物を記録、伝達する手段として古くから用いられてきた方法だったのです。

インテリアとして楽しむ

　標本には学名、採集した場所、年月日、採集者などの情報が記載されていることが必須です。本書の作品も一部を除き、植物の学名を調べて記しています。調べて書くのは面倒と思われるかもしれませんが、植物の情報があることで標本としてのクオリティーが上がります。また、文字の書き方やラベルのデザイン次第で、オリジナリティーのある作品に仕上がります。ぜひ、作品をつくるときは一つ一つの植物と対話するように、その植物について調べてみてください。

　植物の有機的な輪郭や凹凸、連なりは神秘的な美しさや癒しを感じます。植物標本は古くは研究資料として普及してきましたが、今ではその美しさをいつでも感じられるインテリアとして私たちを魅了しています。

それぞれ植物の特徴的な部分を切り取って制作した標本作品（制作：errer）。

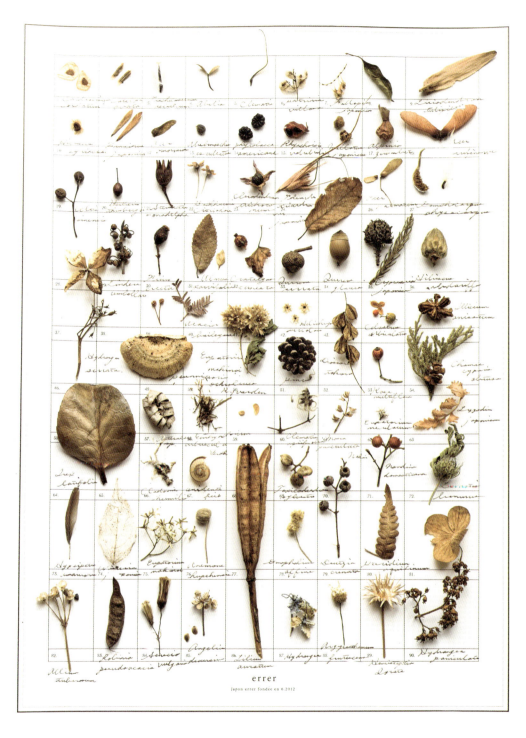

多数の植物を表のようにまとめた標本作品（制作：errer）。

CHAPTER 2.

ハーバリウム雑貨の
つくり方

How to make Herbarium Interior and Decors

押し花・ドライフラワーの基本的なつくり方と、ハーバリウム雑貨のつくり方を紹介します。それぞれ植物名を記載していますが、これはほんの一例です。身近な植物で自由につくってみましょう。

ハーバリウム雑貨におすすめの花

雑貨制作に使う場合は、次のような花がおすすめです。
◦ 生花店や花材店、また道端や山などで比較的入手しやすいもの
◦ 持ちが良いもの（ドライフラワーにしたときに壊れにくい、変色が遅いもの）
◦ 茎に節があり、台紙との接点となる箇所が多く、貼り付けやすい形のもの
P.059に記載した植物を参考に選んでみてください。

1　ハイブリッドスターチス（通年・生花店、花材店）
2　アストランティア（春・生花店、花材店）
3　バラ（春〜秋・生花店、花材店）
4　ソリダスター（通年・生花店、花材店）
5　アジサイ（夏・生花店、花材店）
6　SA デージー（通年・花材店）

7　ローズビューティー（春・生花店、花材店）
8　マーガレット（春・生花店、花材店）
9　ノリウツギ（秋・山や生花店、花材店）
10　マトリカリア（春〜夏・生花店、花材店）
11　レオノチス（秋・生花店）

※（ ）内は花期と主な生育地や購入場所です

059

ハーバリウム雑貨におすすめの実や種

実や種もP.058-059で紹介した内容と同様に、
入手しやすいもの、持ちが良いもの、台紙との接点となる箇所が多く、
貼り付けやすい形のものがおすすめです。
さらに、実ならではの丸い形が可愛らしいものや発色がきれいなものも
作品の中でアクセントとなるので使ってみてください。

1　アオツヅラフジ	11　アカメガシワ
2　ノダケ	12　ツルウメモドキ（秋・山や生花店）
3　サンザシ（秋・山や生花店）	13　クサギ
4　ヤマハゼ	14　エノキ
5　ヤブムラサキ（秋・山や生花店）	15　シロヤマブキ
6　ヨウシュヤマゴボウ（秋・山や道端、生花店、花材店）	16　ウツギ
7　ナンテン（秋・山や道端、生花店、花材店）	17　サルトリイバラ（秋・山や生花店、花材店）
8　イヌビワ	18　ザクロ（秋・生花店、花材店）
9　キヅタ（春・山や生花店）	19　ノイバラ（秋・山や生花店、花材店）
10　ベニアオイ（秋・生花店）	

※（ ）内は採集時期と主な生育地や購入場所です。記載がないものは全て秋、山が生育地の植物です

基本の材料と道具

押し花とドライフラワー、さらにハーバリウム雑貨をつくるときに使用する、
主な材料と道具を紹介します。

1　新聞紙
　押し花をつくるときに使用します。つくる量によって数枚用意します。

2　ティッシュペーパー
　押し花をつくるときに植物の水分を吸収させるために使います。押し花用和紙でも可。

3　重し（本など）
　押し花をつくるときに使用。5kg程度の重さになるように用意しましょう。

4　麻紐
　ドライフラワーをつくるときに使用します。麻製の紐は強くて丈夫なのでおすすめです。

5　ピンセット
　完成した押し花をはがすとき、雑貨づくりのときにあると便利です。

6　はさみ
　植物や材料を切るときに使います。クラフト用と切り花用に2種類あると便利です。

用紙・ラベルシール

用紙は標本箱の台紙やカード系の雑貨に、ラベルシールは学名を書くときに使います。

木工用ボンド

植物や紙、木材などを接着するときに使用します。ハーバリウム雑貨づくりに欠かせない接着剤です。

瞬間接着剤

主に壁掛け用の金具やガラス素材を接着するときに使用します。しっかりと接着したいときに使います。

つけペン・つけペン用のインク

学名を書くときに使用。筆記具の中でも味わいのある文字が書けるつけペンがおすすめ。

水性工作用塗料

ガラス、アクリル等、素材に合わせて文字を書くインクの種類を使い分けます。

カラースプレー

本書では木材を着色するときに使用しています。ホビー用のスプレーがおすすめです。

カラーニス

本書では標本箱を着色するときに使用。木の質感を活かした仕上がりになります。

クラフト用ワイヤー

素材を留めたり、雑貨を壁に飾るときに使います。作品に馴染む色を選びましょう。

豆カン・ねじ

壁掛け用の金具。本書では標本箱やアクリル製の作品などに使用しています。

押し花のつくり方

押し花には花や葉の重なりが少ないもの、花や茎が肉厚でない植物がおすすめ。
花ならば咲きたての新鮮なものを選びましょう。
ここでは身近な材料で簡単につくれる、押し花のつくり方を紹介します。

[材料・道具]

新聞紙 / ティッシュペーパー / 本（重し用・5kg程度）

1　八つ折りにした新聞紙の上にティッシュペーパーを敷いて、植物を重ならないように並べる。

2　上からティッシュペーパーを重ねる。

3　上から八つ折りにした新聞紙を重ねる。

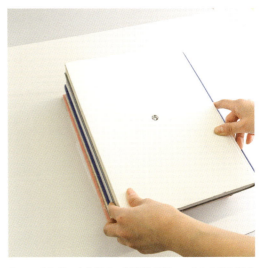

4　重し用の本を置く。新聞紙が湿ってきたら取り替え、植物が乾燥したら完成（完成まで2〜3日が目安）。

point 1

花や葉が多いものは間引く

花や葉の重なりが多いものは、重なっている部分をカットします。茎が太いものはカッターナイフで縦に半分に切ると、押しやすくなり、きれいに仕上がります。

point 2

押し花の保管方法

押し花は紙に包んで保管しましょう。包んだら乾燥剤（シリカゲル）と一緒に密閉容器に入れ、冷暗所に置きます。すぐに使わない押し花は変色を防ぐため、しっかりと保管しておきましょう。

ドライフラワーのつくり方

ドライフラワーづくりは植物が新鮮なうちに、風通しの良い場所に吊るすのがポイント。
つくる季節は空気が乾燥する冬が適していますが、湿気が多い時期は束ねる量を少なくしたり、
除湿機などで湿度を調整しながらつくりましょう。

[材料・道具]

麻紐 / 防虫スプレー / カゴ

1　生花を束ねて麻紐で結ぶ。

2　日の当たらない、風通しの良いところに逆さにして吊るす（乾燥まで約1カ月が目安）。

3　乾燥したら防虫スプレー（押し花・ドライフラワー用）をかける（虫が気にならない場合は防虫スプレーをかけなくても可）。

4　花びらや葉など半端なものはカゴに入れて乾かす（乾燥まで約1カ月が目安）。

point 1

実や種は煮沸消毒する

実や種には見えないところに虫や汚れが溜まっていることがあります。お部屋に飾るときは煮沸消毒しておくと安心です。鍋に実や種と水を入れて沸騰させ、そのまま3分〜最長10分程度煮沸消毒し、乾燥させてから使いましょう。

point 2

手軽にドライフラワーを
つくるなら

小さな植物や少量のものなら、ドライフラワー用のシリカゲルを使う方法もあります。密閉容器にシリカゲル、新鮮な植物、その上からまたシリカゲルを載せるように入れ、しっかりとふたをします。この方法なら1〜2週間程度で乾燥させることができます。

01　オイルハーバリウム

[植 物]

- 01_a　植物の根
- 01_b　タカノツメ（秋・山）
- 01_c　ヌカススキ（春・山や道端）
  　　　ヘリクリサム ペティオラレ
  　　　（秋・生花店）
- 01_d　ススキ
  　　　（秋・山や道端、生花店、花材店）
  　　　ノリウツギ
  　　　（秋・山や生花店、花材店）

※ 全てドライ。
（ ）内は採集時期と主な生育地や購入場所

[材料・道具]

瓶
ハーバリウム用オイル
（用意した瓶の容量分）
ラベルシール（6.5×2.7cm）
ピンセット
筆（水彩画用）
つけペン / つけペン用のインク

1　作品dをつくる。瓶にピンセットでススキを入れ、筆で位置を整える。

2　ノリウツギを入れ、仕上がりをイメージしながら配置を決める。

3　瓶にハーバリウム用オイルを注ぐ。

4　ラベルシールにつけペンで学名や採集した日付を書き、瓶に貼る。

02 植物標本箱 Size L

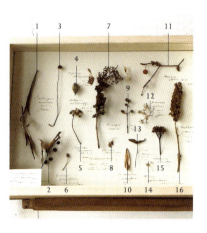

植物

1 テイカカズラの実
2 エノキ
3 アシナガタケ
4 ベニアオイの実（生花店）
5 ノダケ
6 オルレアの実（生花店）
7 ヤマアジサイ（夏・山や生花店）
8 センニンソウの実（山や道端）
9 ウツギの実
10 ユリノキの実
11 サルトリイバラ（山や生花店、花材店）
12 オトコエシの実（秋・山や生花店）
13 オオモミジの実
14 ニラの実（山や道端）
15 ホシアサガオの実（道端）
16 アカメガシワ

※ 全てドライ。（ ）内は主な生育地や購入場所。記載がないものは全て秋、山が生育地

材料・道具

標本箱（桐製、37×27×厚さ5.8cm）
台紙（タント紙、標本箱の内寸に合わせる）
ラベルシール（6.5×2.7cm、2枚）
豆カン / ねじ
ピンセット
木工用ボンド
つけペン / つけペン用のインク
ドライバー

1 台紙に植物とラベルシールを置いて配置を決める。メインとなる植物を中央に置き、その左右、対角に同サイズの植物を置くとバランスが取りやすい。

2 台紙と植物の接点に木工用ボンドを付け、台紙に植物を貼る。

3 台紙とラベルシールにつけペンで学名を書く。標本箱に台紙をセットする。

4 残りのラベルシールに作品名を書き、標本箱のふたに貼る。標本箱の上部中央に壁掛け用の豆カンを付ける（豆カンの付け方はP.070の4を参照）。

03　植物標本箱 Size M

[植物]

03_a

ノダケ（秋・山）

03_b

1　ザクロ（秋・生花店、花材店）
2　オルレア（秋・生花店）
3　ノリウツギ（秋・山や生花店、花材店）
4　エノキ（秋・山）
5　セイヨウニンジンボク（秋・生花店）
6　オオモミジの実（秋・山）

※ 全てドライ。
（ ）内は採集時期と主な生育地や購入場所

[材料・道具]

標本箱
（桐製、15.5 × 20.5 ×厚さ 5.5cm）

台紙
（マーメイド紙、標本箱の内寸に合わせる）

豆カン / ねじ

ピンセット

木工用ボンド

つけペン / つけペン用のインク

ドライバー

03_a　　03_b

1　作品bをつくる。台紙に植物を置いて配置を決める。中心となる植物（ここではオルレア）から配置していくと良い。

2　台紙と植物の接点に木工用ボンドを付け、台紙に植物を貼る。

3　台紙につけペンで学名を書く。標本箱に台紙をセットする。

4　標本箱の上部中央に壁掛け用の豆カンを付ける。

04　植物標本箱 Size S

[植物]

04_a
アジサイ（夏・生花店、花材店）

04_b
1　コナラ（秋・山）
2　カモガヤ（秋・山や道端）
3　ワラビ（秋・山）
4　サンザシ（秋・山や生花店）

※ 全てドライ。
（）内は採集時期と主な生育地や購入場所

[材料・道具]

標本箱
（桐製、12.5×15×厚さ5.5cm）
カラーニス（茶色）
水性塗料（白）
台紙
（タント紙、標本箱の内寸に合わせる）
ラベルシール（6.5×2.7cm）
豆カン／ねじ
ピンセット
木工用ボンド
つけペン／つけペン用のインク
ドライバー

1　作品aをつくる。カラーニスで標本箱を塗り、乾かす（作品bは白の水性塗料で着色する）。

2　台紙と植物の接点に木工用ボンドを付け、台紙に植物を貼る。

3　ラベルシールにつけペンで学名を書き、茎に貼る（作品bは台紙に直接学名を書く）。標本箱に台紙をセットする。

4　標本箱の上部中央に壁掛け用の豆カンを付ける。

※ 標本箱を塗装した場合、木の性質によって箱とふたの間に隙間ができることがあるため、箱とふたを接着しておくと安心です。

05　壁掛け標本

[植 物]

1　イタドリの実（秋・山や道端）
2　ノボロギク（通年・山や道端）
3　ワラビ（秋・山）
4　ノコギリソウ（秋・山や生花店）
5　エノコログサ（夏〜秋・山や道端）
6　ヒメジョウゴゴケ（通年、山や道端）
7　ユウギリソウ（春〜夏・生花店、花材店）
8　ワラビ（秋・山）
9　ノリウツギ（秋・山や生花店、花材店）
10　ヒヨドリバナの実（秋・山や道端）

※ヒメジョウゴゴケはドライ。それ以外は全て押し花。
（ ）内は採集時期と主な生育地や購入場所

[材料・道具]

台紙
（タント紙、40×51cm）
ラベルシール（6.5×2.7cm）
板（41×2×0.3cm）
カラースプレー（黒）
サテンリボン（0.9cm幅、50cm）
ピンセット
木工用ボンド
つけペン /
つけペン用のインク
両面テープ
キリ

1　板をカラースプレーで塗り、乾かす。台紙の上下に板を置き、バランスを見ながら植物とラベルシールを置いて配置を決める。

2　台紙に木工用ボンドで植物を貼り、つけペンで学名を書く。ラベルシールには学名や作品名を書いて貼る。

3　板を両面テープで台紙の上下に貼る。

4　上部の板の左右の端からそれぞれ10cmの位置にキリで穴を空けてサテンリボンを通し、台紙の裏側で結ぶ。

06　紙箱標本

植物

1　ザクロ（秋・生花店、花材店）
2　バラ（春〜秋・生花店、花材店）
3　ヒメシャラの実（秋・山や花材店）
4　ヒメヒオウギズイセンの球根（春・山）
5　ノリウツギ（秋・山や生花店、花材店）
6　コナラ（秋・山）
7　アジサイ（夏・生花店、花材店）
8　タラヨウ（通年・山や花材店）
9　サンザシ（秋・山や生花店）
10　ハハコグサ（春・山や道端）
11　ハクモクレン（秋・山や生花店）
12　ノダケ（秋・山）
13　ベニアオイの実（秋・生花店）
14　マーガレット（春・生花店、花材店）

※ 全てドライ。
（ ）内は採集時期と主な生育地や購入場所

材料・道具

標本箱
（紙製、植物の大きさに合うもの）
台紙
（マーメイド紙やタント紙、標本箱の内寸に合わせる）
豆カン
ピンセット
木工用ボンド
つけペン / つけペン用のインク
瞬間接着剤

1　台紙と植物の接点に木工用ボンドを付け、台紙に植物を貼る。台紙につけペンで学名を書く。

2　標本箱の底に木工用ボンドを付け、台紙を貼る。

3　標本箱の上部中央に瞬間接着剤で豆カンを付ける。

07　標本ボード

[植　物]

07_a　ノダケの花と実（秋・山）
07_b　ノグルミ（冬・山）

※全て押し花。
（　）内は採集時期と主な生育地

[材料・道具]

板（10×16×厚さ0.5cm）
カラースプレー（白）
ラベルシール（7×3.7cm）
豆カン
ピンセット
木工用ボンド
つけペン / つけペン用のインク
瞬間接着剤

1　作品aをつくる。板をカラースプレーで塗り、乾かす。

2　ラベルシールに学名や植物についての説明を書き、板に貼る（作品bは板に直接学名を書く）。

3　板と植物の接点に木工用ボンドを付け、板に植物を貼る。

4　板の上部中央に瞬間接着剤で豆カンを付ける。

08　ガラスドーム

|植 物|

オトコエシ（秋・山や生花店）

※ドライ。
（）内は採集時期と主な生育地や購入場所

|材料・道具|

ガラスドーム
(直径14cm、木製トレー付き)
土台用の木材（3×3×高さ6cm）
ラベルシール（6.5×2.7cm）
カラースプレー（黒）
キリ
木工用ボンド
つけペン / つけペン用のインク

1　木製トレーをカラースプレーで塗り、乾かす。

2　土台用の木材にキリで1cm程度の穴を空ける。

3　植物の茎の先端に木工用ボンドを付け、2にセットする。

4　1に3を置き、ガラスドームをかぶせる。ラベルシールにつけペンで学名を書き、ガラスドームに貼る。

09　標本瓶

植物	材料・道具
09_a　テイカカズラの実（秋・山）	ガラス瓶
09_b　コシダ（秋・山や道端）	ラベルシール
ヌカススキ（春・山や道端）など	（瓶のサイズに合わせる）
09_c　ノボロギク（通年・山や道端）	グラシン紙
09_d　キツネアザミ（春〜夏・山や道端）	（瓶の口より大きく切る）
09_e　コナラの実（秋・山）	麻紐やリボン（適量）
09_f　クレマチスの実（秋・生花店）	ピンセット
	瞬間接着剤
※ 全てドライ。	つけペン / つけペン用のインク
（）内は採集時期と主な生育地や購入場所	

1 作品cをつくる。瓶のふたに瞬間接着剤で植物を付ける（その他の作品は瓶に植物を入れる）。

2 瓶にふたをセットし、学名を書いたラベルシールを貼る。ふたがない瓶はグラシン紙をかぶせて麻紐やリボンで留める。

12　試験管標本

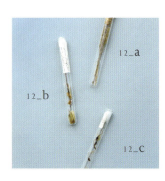

植物	材料・道具
12_a　ヌカススキ（春・山や道端）	試験管（外径1.5×長さ15cm）
マトリカリア（春〜夏・生花店、花材店）	薬包紙（グラシン紙、適量）
12_b　アキニレ（秋・山）	綿（適量）
12_c　クレマチスの実（秋・生花店）	ラベルシール（6.5×2cm）
	ピンセット
※ 全てドライ。	つけペン / つけペン用のインク
（）内は採集時期と主な生育地や購入場所	

1 作品aをつくる。試験管にピンセットで植物を入れ、口にコーヒー染め（P.091参照）した薬包紙をかぶせる（作品b、cは丸めた薬包紙や綿でふたをする）。

2 学名を書いたラベルシールで薬包紙を留める（作品b、cは試験管にラベルシールを直接貼る）。

10 試験管オブジェ

[植物]

1 タンポポ 綿毛の状態のもの
　（春・山や道端）
2 キツネアザミ 綿毛の状態のもの
　（春〜夏・山や道端）

※ 全てドライ。
（ ）内は採集時期と主な生育地

[材料・道具]

試験管
（外径1.6×高さ15cm、
外径2×高さ20cmを各1本）
土台用の木材（3×1×高さ1.5cm）
ラベルシール（5×1.5cm）
ピンセット
つけペン／つけペン用のインク
瞬間接着剤

1　試験管にピンセットで植物を入れる。

2　試験管の口に瞬間接着剤を付け、土台用の木材に接着する。

3　ラベルシールにつけペンで学名を書く。

4　土台用の木材にラベルシールを貼る。

11 ガラスの標本オブジェ

[植物]

11_a　ナツフジ（冬・山）

11_b　センニンソウ（秋・山や道端）

※ 全てドライ。
（ ）内は採集時期と主な生育地

[材料・道具]

ガラス瓶
（アンティークなどお好みで）

木の棒または木材
（ガラス瓶の口の直径より長いもの）

クラフト用ワイヤー
（太さ0.3mm）

つけペン

水性工作用塗料（アイボリー）

1　作品aをつくる。ナツフジの葉にクラフト用ワイヤーを取り付ける。

2　木の棒に1のワイヤーを巻き付ける。

3　つけペンに水性工作用塗料を付け、ガラス瓶に学名を書く。

4　ガラス瓶に2をセットする。

13 標本カード

植 物	材料・道具
13_a　ノダケ（秋・山）	台紙（ポストカードなどの厚手の紙）
13_b　クリスマスローズ（冬・生花店）	ラベルシール（6.5×2.7㎝）
※ 全て押し花。	コーナーカッター（角丸）
	ピンセット
	木工用ボンド
	つけペン／つけペン用のインク

13_a　13_b

1　作品aをつくる。台紙の角をコーナーカッターで丸くカットする。

2　1に木工用ボンドで植物を貼る。

3　ラベルシールにつけペンで学名を書く。

4　ラベルシールを茎の上に重ねて貼る。

14　標本ノート

植物	材料・道具
採集した植物	用紙（タント紙・グラシン紙など、25.7×33cm）
※ドライや押し花	サテンリボン（0.9cm幅×80cm）
	ピンセット
	木工用ボンド
	つけペン／つけペン用のインク
	ミシン目カッター
	定規
	クリップ
	水貼り用テープ（紙製の粘着テープ）
	ハトメパンチ／金具

1　用紙に植物を採集した場所の地図を書く。地図に合わせて木工用ボンドで植物を貼り、つけペンで学名を書く。

2　採集した植物の写真などで他のページをつくる。用紙の端から3cmのところにミシン目カッターで折り目線を付ける。

3　用紙を束ねてクリップで固定する。水貼り用テープをノートの背となる辺の長さに切り、接着面に水を付ける。テープの幅半分を背の部分に貼る。

4　裏に返し、背をテープで挟む。

5　4を3等分した位置にハトメパンチで穴を空けて金具を取り付ける。

6　サテンリボンを通し、表側で結ぶ。

16　標本袋

[植 物]

好みの押し花や
ドライフラワー

[材料・道具]

薬包紙（コーヒー染めしたもの、15×15㎝）
ラベルシール（5.5×3.5㎝）
つけペン／つけペン用のインク

1　薬包紙に植物を載せ、手前から奥に折る。

2　左右を折る。

3　奥から手前に向かって折る。

4　先端を折り込む。

5　ラベルシールにつけペンで学名を書く。4で折り込んだ辺にラベルシールの左端を貼る。

6　ラベルシールの右端を後ろに折り曲げて貼る。

17　ラベル付き標本

植物

17_a　テイカカズラの実（秋・山）
17_b　ニラ（秋・山や道端）
17_c　ヒヨドリバナの実（秋・山や道端）
17_d　シロガネヨシ（秋・道端や花材店）
17_e　ヌカススキ（春・山や道端）
17_f　シラゲガヤ（夏・山や道端）
17_g　メガルカヤ（秋・山や道端）
17_h　ススキ（秋・山や道端、生花店、花材店）
17_i　エノコログサ（夏〜秋・山や道端）
17_j　ヒノキ（秋・山）／ノイバラ（秋・山や生花店、花材店）
17_k　タラヨウ（通年・山や花材店）

※ 全てドライ。( ) 内は採集時期と主な生育地や購入場所

材料・道具

ラベルシール
（6.5 × 2.7cm）

つけペン /
つけペン用のインク

1　ラベルシールにつけペンで学名を書く。

2　植物を適量束ね、茎にラベルシールの中心を合わせる。

3　ラベルシールを二つ折りにして貼り合わせる。

4　植物の種類や量によってラベルシールを巻き付けるなど、アレンジしても良い。

15　箱入り標本

植 物	材料・道具

15_a　フウセントウワタの種
　　　（秋・道端や生花店）

15_b　シュウメイギク
　　　（秋・山や生花店）

※ 全てドライ。
（）内は採集時期と主な生育地や購入場所

紙箱
（植物のサイズに合うもの）

ラベルシール
（紙箱のサイズに合わせる）

つけペン /
つけペン用のインク

麻紐（適量）

1
紙箱に植物を入れ、学名を書いたラベルシールをふたに貼る。

2
麻紐を十字に掛ける。

23　アクリルの標本箱

植 物	材料・道具

フウセントウワタの実と種
（秋・道端や生花店）

※ ドライ。
（）内は採集時期と主な生育地や購入場所

アクリルボックス
（植物のサイズに合うもの）

ピンセット

1
植物を用意する（写真はフウセントウワタの実が自然にはじけて種が出ている状態）。

2
アクリルボックスに植物を入れる。

18　衿のオブジェ

| 植物 |

1　アジサイ（夏・生花店、花材店）
2　ニラ（秋・山や道端）
3　ヘリクリサム ペティオラレ
　（秋・生花店）

※ 全てドライ。（ ）内は採集時期と主な生育地や購入場所
※アジサイは漂白したものを使用。漂白の方法は、バケツに水と漂白剤（食器を漂白する際と同じもの）を入れ、丸1日アジサイを浸す。色素がぬけたら取り出して乾かす。

| 材料・道具 |

土台用の生地
（シルクオーガンジー、20×24cm）
ビーズ（お好みで）
リボン（ベルベット、0.3cm幅×20cm）
ラベル（6.5×2cm）
クラフト用ワイヤー
（太さ0.3mm、適量）
木工用ボンド
ピンセット
つけペン / つけペン用のインク
はさみ
糸 / 縫い針

1
土台用の生地を型紙の形に裁断する。中表にして返し口を残して周囲を縫う。縫い代を0.5cmにカットする。

2
返し口から表に返し、返し口を縫う。

3
衿の端を木工用ボンドで重ねて接着する。生地に植物とビーズを木工用ボンドで貼る。

4
リボンを蝶々結びにし、木工用ボンドで付ける。

5
ラベルにつけペンで学名を書き、クラフト用ワイヤーを付ける。生地にクラフト用ワイヤーを通す。

6
クラフト用ワイヤーを二つ折りにしてねじって留める。

衿のオブジェ型紙　実物大

※ 縫い代を1cmつける

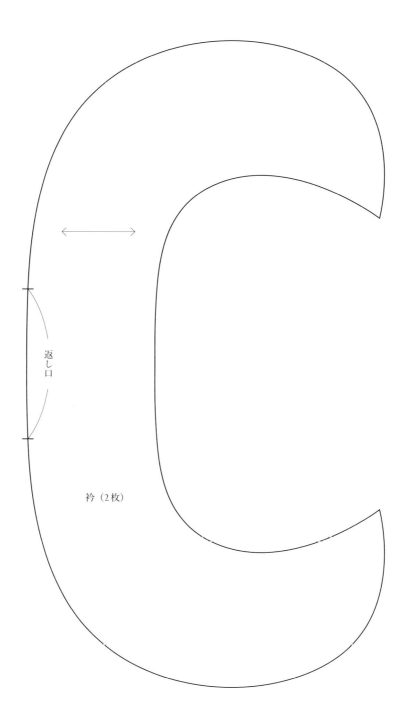

返し口

衿（2枚）

085

19　壁掛けオブジェ

[植 物]

1　シロガネヨシ（秋・道端や花材店）
2　パニカム（秋・花材店）
　　アジサイ（夏・生花店、花材店）
　　ニラ（秋・山や道端）
　　ヌカススキ（春・山や道端）
　　レモンマートル（秋・生花店）

※ 全てドライ。
（ ）内は採集時期と主な生育地や購入場所

[材料・道具]

土台用のリボン
（幅2.5cm×19cm）

糸／縫い針

ピンセット

クラフト用ワイヤー
（太さ0.3mm、適量）

1　土台用のリボンにシロガネヨシを縫い留める。

2　シロガネヨシの上に飾りとなる植物（パニカム、ニラ等）を置き、おおよその配置を決める。

3　2の植物を縫い付けていく。

4　土台用のリボンの端にワイヤーを通してねじる。

20　花冠

[植物]

1　アジサイ
　　（プリザーブドフラワー・花材店）
2　カスミソウ（ドライ・花材店）

[材料・道具]

ベビーファイバー
（ベージュ、3g）

クラフト用ワイヤー
（太さ0.3mm、適量）

はさみ

1　植物を2〜3cmの長さに切っておく。

2　ベビーファイバーを適量束ね、上を二つ折りにして持つ。植物を上に重ね、別のベビーファイバーを少量取り、巻き付ける。

3　同様に植物を重ね、2とは別のベビーファイバーを少量巻き付ける。これを繰り返し、全長約30cm、編み込み部分は17cm程になったら円にして、先端をクラフト用ワイヤーで留める。

4　壁にかけるときは花冠の輪の中にクラフト用ワイヤーを通し、上部を輪にしてねじる。

21　鳥の巣

植　物

1　アオツヅラフジ（秋・山）
2　コシダ（秋・山や道端）など

※ 全てドライ。
（）内は採集時期と主な生育地

材料・道具

ストローバイン
（バスケットタイプ1個）
紙粘土（適量）
つけペン用のインク（茶色）

※仕上がりサイズ：18×19×7㎝

1　ストローバインを手で少しずつ広げながら、鳥の巣のような形をつくる。

2　1に植物を差し込む。

3　紙粘土につけペン用のインクを少量付け、丸めて卵形にして乾燥させる。

4　2の鳥の巣に3の卵を入れる。

22　花冠のオブジェ

植物

1　ローズビューティー
　　（春・生花店、花材店）
2　SAデージー（通年・花材店）
3　シロガネヨシ（秋・道端や花材店）

※ 全てドライ。（ ）内は採集時期と
主な生育地や購入場所

材料・道具

ベビーファイバー
（ベージュ・3g）

シルク生地のはぎれ
（2cm幅×30cm、7〜8本）

クラフト用ワイヤー
（太さ0.3mm）

はさみ

木工用ボンド

1　ベビーファイバーを丸める。

2　シルク生地のはぎれの先端を二つ折りにして持つ。植物を上に重ね、別のはぎれを巻き付ける。これを繰り返し、1の円周分の長さにする。

3　2の内側に木工用ボンドを付けて1の周囲に巻き、クラフト用ワイヤーで留める。先端のはぎれは好みの長さに切る。

4　3のベビーファイバー部分にクラフト用ワイヤーを通し、上部を輪にしてねじる。

24 アクリルパイプのオブジェ

[植 物]

24_a アザミ（春〜夏・山や道端）
24_b テイカカズラの実（秋・山）
24_c ノグルミ（冬・山）

※ 全てドライ。
（ ）内は採集時期と主な生育地

[材料・道具]

アクリルパイプ
（直径2cm×長さ1m、3本）
細い棒
グラシン紙（適量）
豆カン
ピンセット
つけペン
水性工作用塗料（白）
瞬間接着剤

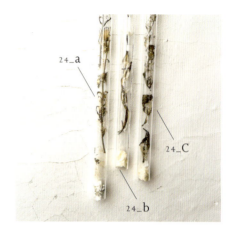

1 アクリルパイプに植物を入れ、細い棒で押し込みながら位置を調整する。

2 アクリルパイプの両端にグラシン紙を丸めて入れ、ふたをする。

3 つけペンに水性工作用塗料を付け、アクリルパイプの下部に学名を書く。

4 アクリルパイプの上部に瞬間接着剤で豆カンを付ける。

コーヒー染めの方法

材料・道具

ラベルシールや薬包紙など
コーヒー液
バット
ピンセット
新聞紙

1　バットにコーヒー液をつくる。薄めに染めたいときは写真a、濃いめにしたいときは写真b程度の濃さにする。

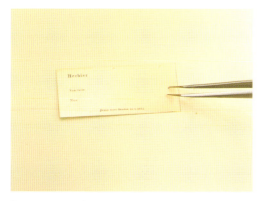

2　コーヒー液にラベルシールを浸し、30分程度置く。

3　バットから取り出し、新聞紙の上などで乾かす。

学名の記載について

column 2

標本に必要な文字情報

column1（P.054）でも紹介した通り、植物標本にはその植物についての情報が必ず記載されています。学名、採集した場所、年月日、採集者などの記載がなければ標本とはみなされません。

errerの標本作品も採集した植物を一つ一つ図鑑で調べて情報を記載しています。学名と年月日、採集者の名前を書くことが多いですが、記載する項目は作品に合わせてアレンジしています。作品のテーマや書くスペースによって、学名や採集者名だけのこともあれば、調べたことをまとめて文章にすることもあります。

文字の書き方

文字はerrerのブランドイメージに合わせて英語の筆記体で書いています。文字も作品の重要な一部と考えているので、西洋の書道ともいわれるカリグラフィーのようにつけペンとインクを使い、文字に抑揚をつけて書くようにしています。

まず、書き始める前に植物とのバランスをみながら文字を書くスペース、使用するラベルの大きさを決めます。インクの色、種類も選びます。

次に記載する項目と位置を決めます。学名の長さや書きたい項目を整理しておくと失敗が少なくて済みます。そして、書くときは勢い良く、少しくらい曲がっても気にしないで、一つの単語を書き終わるまで流れるように書き進めることがポイントです。

次のページにアルファベットの大文字、小文字、数字のサンプルを一覧にしたので参考としてご覧ください。

errerのオリジナルラベル。シンプルなデザインなので、どんな作品にも使えます。

uppercase letters

lowercase letters

number

1 2 3 4 5 6 7 8 9 0

Letters & Label Collection

作品に豊かな表情を加える手書き文字。ここでは作品に記載されている
学名やラベルの文字をクローズアップして紹介します。

中央に2017と短い単語を入れることで全体のバランスを取っています。

ラベルシールを使ったタイプ。行間に線を書いてアクセントに。

ラベルいっぱいに書かれた文字。カジュアルな雰囲気にしたいときに。

ゴールドのインクを使用。作品の雰囲気に合わせてインクの色を選んで。

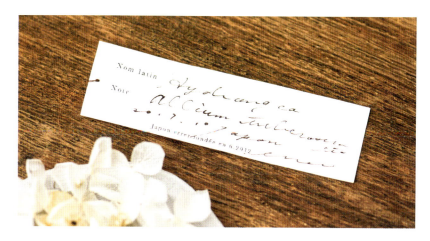

学名を大きく、日付を小さく書いてメリハリを付けています。

プリントした文字と手書き文字を組み合わせても素敵。

095

CHAPTER 3.

ハーバリウム雑貨の楽しみ方

How to enjoy Herbarium Interior and Decors

ハーバリウム雑貨を楽しむためのアイデアやポイントをまとめました。お部屋に飾るインテリアとしてはもちろん、暮らしに彩りを添えるアイテムとしてハーバリウム雑貨を取り入れてみませんか。

壁面を飾る

同じ作品を並べる

同じ作品を使えば統一感のある印象になります。大きい作品、密度のある作品を中心に、そのまわりにランダムに他の作品を配置するとバランス良く見えます。作品ごとに台紙の色や植物の数、バーの色をアレンジしても。

さまざまな作品を
一緒に飾る

作品を複数組み合わせれば、賑やかで楽しい雰囲気に。作品ごとに飾る位置を決めると良いでしょう。台紙の色を1〜2色に限定すると、たくさん作品を並べても乱雑に見えません。

テーブルや飾り棚に置く

高低差をつける

箱などを使って高低差をつけると、後ろの作品まで隠れることなく見せるディスプレイができます。テーブルと箱の素材や色を合わせると統一感のあるディスプレイになります。

三角形を意識する

ディスプレイの基本は三角形かシンメトリーに配置すること。右の写真は壁掛け標本とドライフラワーの花束とカゴで三角形を構成するように飾りました。高さのあるもの（頂点）を先に決めてから、他の2点の位置、それらを結ぶ線上に作品を置くとバランス良く見えます。

トレーにまとめる

小さな作品を複数飾るときはトレーがおすすめ。トレーが間仕切り役となり、広いテーブルの上に細々と作品を置いても整理された印象にしてくれます。

雑貨と組み合わせて飾る

グリーンと一緒に

標本作品は爽やかなグリーンとも相性抜群。壁掛け標本のように壁面に飾れる作品なら、お部屋のグリーンコーナーをより充実した印象にしてくれます。

間接照明で空間演出

コーナーディスプレイにはインテリア性の高い作品を。優しい光の間接照明と一緒に飾れば癒しのスペースが完成です。リビングはもちろん、玄関や廊下のちょっとしたスペースに飾っても。

アンティーク風雑貨と

古書と標本作品をディスプレイ。時間の経過とともに味わいを増したアンティーク風の雑貨は、落ち着いた色合いの標本作品と良く合います。静かでノスタルジックな空間が好きな方におすすめの飾り方です。

贈り物に添える

押し花付きレター

小さな押し花を手紙に添えて。相手の好きな植物や誕生日にちなんだ花、また季節の植物を使ったシーズンレターなど、使用する押し花によって、さまざまな演出ができます。

ギフト用のカードとして　ラベル付き標本を紙に貼ってカードにアレンジ。小さなフラワーギフトとして、またメッセージカードとしても使えます。

花束にする　ドライフラワーを花束にして。ドライフラワーは生花より長く飾れるので、インテリア好きの人へのプレゼントと一緒に贈ってみては。

おわりに

　山に採集に出かけると、たくさんの自然物を拾うことができます。枯葉や木の実、鳥の羽、蜂の巣……自分の知らないところでこんなにもさまざまな動植物が生きているんだなと思うと、不思議と自分は人間なのだなあと強く感じます。そして、人間としてこの地球に生きていることをとても嬉しく思います。

　植物は季節によって種、花、実と変わっていくので、ぜひ1年かけて植物に触れてみてください。おそらく最初は植物の名前も分からず、調べるのにもとても時間がかかると思います。もう何年も山を歩いている私も分からないこと、間違うこと、たくさんあります。でも、最初は間違えても良いのでどんどん調べて、あなただけのインテリアをつくってみてください。そうやって楽しめるのもまた人間なのだなと思うのです。

　最後になりましたが、暑いときも寒いときも山歩きに付き合い、採集を手伝ってくれる母、いつも的確なアドバイスをくれる友人にこの場を借りて感謝の気持ちを伝えたいと思います。web shop、実店舗をご利用いただいているお客様、ご自身で育てられた植物を快くお分けくださるお客様、インスタグラムをご覧いただいている皆様に心よりお礼を申し上げます。編集担当の杵淵さんには最初から最後まで尽力いただきました。ありがとうございました。皆様のサポートなしにはこれまで続けることはできませんでした。引き続きご一緒に楽しんでいただけましたら幸いです。

　そして、本書をご覧くださった皆様に心よりお礼を申し上げます。ありがとうございました。

errer

Instagram : @errer_

errer
エレー

高松市にあるインテリア、雑貨店。
2014年より植物を使った作品制作、販売を開始。
植物の形状や特徴を活かしたシャビーシックな作品を中心に、
帽子作家とのコラボレーションなど、
さまざまな作品を多数制作している。

Web shop: http://errer2.mame2.net

参考文献

本書の制作にあたり、下記の資料を参考にさせていただきました。

『押し花野草図鑑』（柴田規夫 監修、日本ヴォーグ社）
『季節の野草・山草図鑑』（高村忠彦 著、日本文芸社）
『木の実のガイド』（須賀瑛文 著、トンボ出版）
『くらべてわかるきのこ 原寸大』（大作晃一 著、山と渓谷社）
『里山さんぽ植物図鑑』（宮内泰之 監修、成美堂出版）
『シーボルト日本植物コレクション（展示図録）』（大場秀章 編、東京大学総合研究博物館）
『写真でわかるシダ図鑑』（池畑怜伸 著、トンボ出版）
『樹木の葉』（林 将之 著、山と渓谷社）
『新版 日本原色雑草図鑑』（沼田 真・吉沢長人 編、全国農村教育協会）
『花屋さんで人気の421種 花図鑑』（モンソーフルール 監修、西東社）

ハーバリウムでつくる
おしゃれな雑貨とインテリア

2018年4月18日　　初版第1刷発行

著　者　errer
装丁・本文デザイン　八木孝枝
写　真　errer / 北原千恵美
校　正　鷗来堂
編　集　杵淵恵子

発行人　三芳寛要
発行元　株式会社パイ インターナショナル
　　　　〒170-0005　東京都豊島区南大塚2-32-4
　　　　TEL 03-3944-3981　FAX 03-5395-4830
　　　　sales@pie.co.jp

印刷・製本　図書印刷株式会社

©2018 errer / PIE International
ISBN978-4-7562-5023-0 C2077
Printed in Japan

本書の収録内容の無断転載・複写・複製等を禁じます。
ご注文、乱丁・落丁本の交換等に関するお問い合わせは、
小社までご連絡ください。